CERDDI

R. WILLIAMS PARRY

Gwasg Gee

Argraffiad Cyntaf – 1952
Ail Argraffiad – 1953
Trydydd Argraffiad – 1957
Pedwerydd Argraffiad – 1964
Pumed Argraffiad – 1971
Chweched Argraffiad – 1980
Seithfed Argraffiad – 1983
Wythfed Argraffiad – 2000

Argraffwyd a Chyhoeddwyd gan
WASG GEE, DINBYCH.

Diolchaf i'm cyfeillion Mr. Gwilym Evans, B.A., Yr Athro T. Parry, M.A., a Mr. J. O. Williams, M.A., am bob help ynglŷn â chyhoeddi'r gyfrol hon, ac i Wasg Gee am eu gofal a'u hamynedd mawr.

Y mae fy nyled yn fawr iawn hefyd i raslonrwydd fy annwyl wraig, Myfanwy, am gydymddwyn â chreadur mor anystywallt â bardd.

Hydref 1952 *R.W.P.*

CYNNWYS

Y DDÔL A AETH O'R GOLWG

(Dôl Pebin y Mabinogion)

YN Nhal-y-sarn ystalwm
   Fe welem Lyfni lân,
A'r ddôl hynafol honno
   A gymell hyn o gân;
Ac megis gwyrth y gwelem
   Ar lan hen afon hud
Y ddôl a ddaliai Pebin
   Yn sblander bore'r byd.

Yn Nhal-y-sarn ysywaeth
   Ni welwn Lyfni mwy,
Na gwartheg gwyrthiol Pebin.
   Yn eu cynefin hwy.
Buan y'n dysgodd bywyd
   Athrawiaeth llanw a thrai:
Rhyngom a'r ddôl ddihalog
   Daeth chwydfa'r Gloddfa Glai.

1945

EIFIONYDD

O OLWG hagrwch Cynnydd
Ar wyneb trist y Gwaith
Mae bro rhwng m^ør a mynydd
Heb arni staen na chraith,
Ond lle bu'r arad' ar y ffridd
Yn rhwygo'r gwanwyn pêr o'r pridd.

Draw o ymryson ynfyd
Chwerw'r newyddfyd blin,
Mae yno flas y cynfyd
Yn aros fel hen win.
Hen, hen yw murmur llawer man
Sydd rhwng dwy afon yn Rhos Lan.

A llonydd gorffenedig
Yw llonydd y Lôn Goed,
O fwa'i tho plethedig
I'w glaslawr dan fy nhroed.
I lan na thref nid arwain ddim,
Ond hynny nid yw ofid im.

O! mwyn yw cyrraedd canol
Y tawel gwmwd hwn,
O'm dyffryn diwydiannol
A dull y byd a Wn;
A rhodio'i heddwch wrthyf f'hun,
Neu gydag enaid hoff, cytûn.

BLWYDDYN

Cefnddwysarn (1912-13)

PAN ddwedwyf wrth fy nghyfaill.
  "Gwyn fyd a wel o'i gell
Mewn bwth ar fraich o fynydd
  Ddaear a'i myrdd ymhell,"
Â gwen garedig etyb
  Heb yngan gair o'i fin,
"Nid oes baradwys dan y ser
  Ry bleser i ŵr blin."

Mi fum yn bwrw blwyddyn,
  A'i bwrw'n ôl fy ngreddf,
Trwy ddyddiau dyn a nosau
  Y tylluanod lleddf.
Lle'r oedd pob gweld yn gysur
  Pob gwrando'n hedd di-drai,
Heb hiraeth am a fyddai, dro,
  Nac wylo am na bai.

Canys fy sêr roes imi,
  Os oes ar sêr roi coel,
Hendrefu ar y mynydd,
  Hafota ar y foel.
Och! fy hen gyfaill marw,
  Ac och! fy nhirion dad,
Roes im ddilaswellt lawr y dref
  Am uchel nef y wlad.

1931

CLYCHAU'R GOG

DYFOD pan ddêl y gwcw,
Myned pan êl y maent,
Y gwyllt atgofus bersawr,
Yr hen lesmeiriol baent;
Cyrraedd, ac yna ffarwelio,
Ffarwelio, — Och! na pharhaent.

Dan goed y goriwaered
Yn nwfn ystlysau'r glog,
Ar ddôl a chlawdd a llechwedd
Ond llechwedd lom yr og
Y tyf y blodau gleision
A dyf yn sŵn y gog;

Mwynach na hwyrol garol
O glochdy Llandygái
Yn rhwyfo yn yr awel
Yw mudion glychau Mai
Yn llenwi'r cof â'u canu;
Och na bai'n ddi-drai!

Cans pan ddêl rhin y gwyddfid
I'r hafnos ar ei hynt
A mynych glych yr eos
I'r glaswellt megis cynt,
Ni bydd y gog na'i chlychau
Yn gyffro yn y gwynt.

YR HAF

DEILIO fu raid i'r ynn
   Na ddeilient, meddent, mwy.
Mae'r sguthan erbyn hyn
   Yn esmwyth ynddynt hwy.
Y mae pob dydd yn hirddydd braf –
"Ni ddaeth yr haf, ni ddaeth yr haf."

Weithion fe aeth yn fud
   Y gog a leisiai gynt,
Mae'r rhegen yn yr ŷd,
   (Fe'i gwêl a wêl y gwynt) –
Mae'n awr yn galw yn y gwair—
"Ni roed y gair, ni roed y gair."

Fel sydyn hwrdd o fwg
   O gynnar gyrn y fro
Ei gôr i'r ddôl a ddwg
   Y drudwy yn ei dro;
Ugeiniau brwd o gywion braf —
"Fe roed y gair, fe ddaeth yr haf."

1929

TYLLUANOD

PAN fyddai'r nos yn olau,
   A llwch y ffordd yn wyn,
A'r bont yn wag sy'n croesi'r dŵr
   Difwstwr ym Mhen Llyn,
Y tylluanod yn eu tro
Glywid o Lwyncoed Cwm-y-Glo.

Pan siglai'r hwyaid gwylltion
   Wrth angor dan y lloer,
A Llyn y Ffridd ar Ffridd y Llyn
   Trostynt yn chwipio'n oer,
Lleisio'n ddidostur wnaent i ru
Y gwynt o Goed y Mynydd Du.

Pan lithrai gloywddwr Glaslyn
   I'r gwyll, fel cledd i'r wain,
Pan gochai pell ffenestri'r plas
   Rhwng briglas lwyni'r brain,
Pan gaeai syrthni safnau'r cŵn,
Nosâi Ynysfor yn eu sŵn

A phan dywylla'r cread
   Wedi'i wallgofddydd maith,
A dyfod gosteg ddiystŵr
   Pob gweithiwr a phob gwaith,
Ni bydd eu Lladin, ar fy llw,
Na llon na lleddf —'Tw-whit, tw-hw!

1928

SGYFARNOG TRWY SBIENDDRYCH

PORI y mae ar ael y bryn:
Y ddiniweitiaf dan y nef
Yn pori'n dawel a di-fraw
Ei thamaid melys yn ei bryd.
Ac O! anhygoel ydyw hyn,
Fe saif y bryn ar sgwâr y dref
Ymhlith segurwyr conglau'r stryd,
Ac y mae cŵn y lle gerllaw.

Pa fodd y dianc hi rhag rhaib
Eu rhwydi ffals, eu dannedd chwyrn?
Noeth a digysgod ydyw'r ael,
A phell yw'r talgoed ar y brig.
Segur yw'n awr, gan gymryd saib
I godi a gostwng dwyglust hael
A eill na chlyw ddolefus gyrn
A thost bangfeydd moduron dig?

Y bryn, y pîn a hedd y pîn,
Nid ŷnt o'r ddaear nac o'r nef;
Fel petai Amser, sydd ar ffo,
Wedi eu gollwng ar y gwynt,
Nes digwydd, drwy ryw ryfedd rin,
Uwchlaw terfysglyd, ferw'r dref
I'w hanfarwoldeb aros dro
A bwrw angor ar ei hynt.

1928

ANGHYTGORD

Mi glywais geiliog bronfaith
    Yn canu yng ngolau'r lloer,
A'r lloer yn gron a chringoch
    Ar fore o Ionawr oer.
Ni fynnwn glywed bronfaith
    Eilwaith wrth olau lloer.

Pob mwynder yn ei dymor
    Sydd dda gan farwol ddyn;
Fe roed y dydd i'r fronfraith,
    I'r eos nos ddi-hun
I gynnau yn ei gwenfflam
    Ei phurach fflam ei hun.

1929

GOFUNED

RHYFEDD yw gweled tonnau'r aig
   Fel ysgyrnygus gŵn
Ddannedd yn nannedd gyda'r graig
   Heb glywed dim o'u sŵn;
Eu gweld a llygad llym
Y byddar yn ei rym.

Rhyfedd yw gwrando'r nos ar lef
   Rhyw anweledig lu,
Pan fo soniarus yn y nef
   Y gwyddau gwylltion fry;
A'u gwrando fel y bydd
Y dall yn gwrando'r dydd.

Pe cawn gan fywyd ddewis dawn
   I'w 'marfer hyd fy medd,
Dewiswn allu medi'n llawn
   Ddau hyfryd faes a fedd;
A'u lloffa fel y gall
Y byddar doeth a'r dall.

1947

Y GWYDDAU

RHAGFYR drwy frigau'r coed
Wnâi'r trwst truana' erioed,
Fel tonnau'n torri.

Isod 'roedd cornel cae,
Ac yno, heb dybio gwae,
Y gwyddau'n pori.

Amlhâi y dail fel plu
Gwaedliw, cymysgliw, du,
Hyd las y ddôl.

Ac yn sŵn a golwg angau
Dehonglais chwedl y cangau
I'r adar ffôl.

"Gan hynny nac arhowch,
Ond ar esgyll llydain ffowch
Cyn dyfod awr
Pan êl y wreigdda a'i nwyddau,
Ymenyn, caws, a gwyddau
I'r Farchnad Fawr!"

Eithr ffei o'r fath gelwyddau!
Gwawdlyd orymdaith gwyddau
Ffurfiwyd mewn trefn.

Ac yna hyrddiau amal
Eu hunfryd grechwen gwamal
Drachefn a thrachefn.

1924

YR IEIR

LIW dydd, liw dydd drwy barthau
Treuliedig hen fuarthau,
Ni waeth ple'r eir, –

Beudái, sguboriau, stablau, –
Clywir soniarus nablau
Moliant yr ieir.

Liw nos, pan ddêl cri druan
O geubren y dylluan,
Liw nos lwyd,

Bydd pawb yn anwahanol,
A'r ceiliog yn y canol
Tu mewn i'r glwyd.

Tair cynnes gyfres dirion,
Ynghwsg drwy'r oriau hirion
Heb ofni cam;

Duon, brithion, gwynion,
Gwragedd a morynion
Yng ngolau'r fflam.

Ryfedd ddigyffro dyrfa!
'Does undim a'i cynhyrfa
O'i syrthni hir,

Na thân, na chledd na tharian,
Ond hyfryd utgorn arian
Sianticlîr.

1924

Y BAND UN DYN

BYDDAI ei gorff yn mynd i gyd
Fel petai arno hwrdd o'r cryd,
A byddai ganddo fwy o faich
Nag a gofleidiai ei ddwy fraich;
Cans ar ei gefn fe gariai ddrwm,
A chan fod morthwyl hon ynghlwm
Wrth ei benelin hi rôi fwm
Pan roddai hwn i hwnnw broc
Yn ôl, ymlaen, fel pendil cloc.
Fry ar ei war – os dyna'r drefn,
Fodd bynnag ar ryw gwr o'i gefn
Lle'r oedd ei ddwylo'n llwyr ddi-les –
Perfformiai pâr o blatiau pres;
A dotiai'r dyrfa at ei fedr
I weithio'r rhain â'r llinyn lledr
A fachwyd rywfodd wrth ei droed
Yn fwyaf cyfrwys fu erioed.
'R oedd hyn o'i seindorf o'i du ôl,
Ond dan ei lygad yn ei gôl
Y nyrsiai'i fagbib, fel un fach
Yn magu'i doli, ac o hon
Fe wasgai fiwsig lleddf a llon;
Ac fel y chwyddai'i ddwyfoch iach
I gadw'r cacwn yn y cwd
Yn brysur gyda'u murmur brwd!
Ynghylch ei helm 'r oedd clychau'n llawn
O beraidd barabl fore a nawn.
Pob rhan o'i berson barai sŵn
A phawb a'i carai ond y cŵn.
O! gwych gan fechgyn ar y stryd
Oedd gweld y gŵr yn mynd i gyd.
Ond i b'le'r aeth? Pa dynged oer
A'i dug o olau haul a lloer?
Hen fand un dyn! Wrth fynd a dod
Fe'i 'sgydwodd ef ei hun o fod,
A rhyfedd fel y rhydd im frath
Na welaf eto fand o'i fath.

1939

BARDD YR OED A'R RHEDYN

('Fy mab, gwrandaw addysg dy dad.')

Y macwy, clyw y gwcw lon
Yn canu cywydd newydd sbon
O rwbel yr hen chwarel hon!

Mae'n rhaid i ti gael daear las
O dan dy droed, a mynd i ma's
O'r byd sy'n llawn o bethau bas

Ym mraich dy feinwen, a chyd-fyw
Â phethau prydferth o bob rhyw
Cyn gwatwar fu hen gwafar gwyw.

Ond gwyn ei byd y gwcw bêr
A dania feddwl dyn a'i fêr
O lwch hen gloddfa lechi flêr.

A gwyn eu byd y beirdd rydd bill
Sy'n wenfflam ysol ym mhob sill
Heb gymorth serch, na merch, na mill.

HEN LYFR DARLLEN

ROEDD ynddo luniau: llun hwyaden dew
Yn nofio'n braf i rywle, a llun llew;
Llun arth a theigar ffyrnig ac eliffant,
A llun rhyw glocsen fawr a'i llond o blant.

A chyda gwialen fedw o flaen y rhain
Safai hen wraig annifyr fel fy nain.
'R oedd hon yn amlwg newydd ddweud y drefn,
A phawb o'r plant yn chwerthin yn ei chefn.

Llun nyth, llun oen. Ond gwell na'r cwbl i gyd
Oedd llun rhyw wraig yn nôr rhyw fwthyn clyd.
'R oedd honno, fel fy mam, yn ddynes glws,
A bwydo'r ieir yr oedd ar ben y drws.

Ac mi ddymunais ddianc lawer gwaith
Yno lle nad oedd gwers na chosb ychwaith.
Wrth ddysgu cyfrif ac wrth aros cweir
Hiraethwn fyth am fod lle'r oedd yr ieir.

A thyngu wnes yr awn, pan fyddwn ddyn,
I chwilio am y lle oedd yn y llun.
Yn rhywle braf yr oedd; ar ael y bryn
Neu wrth ei droed, efallai ar fin llyn.

O hynny hyd yn awr mi dreuliais derm
Mewn llawer tyddyn mwyn a llawer fferm,
Ym Mhenllyn Meirion, ac ym Maldwyn, do,
Ym Mhen-y-Llyn yn Arfon ar fy nhro.

Ni welais byth mo'r bwth, 'r wy'n eithaf siŵr,
Ar fin y mynydd nac ar lan y dŵr.
Rhyw adfail rhaid ei fod, y bwthyn cu,
Heb fawr ohono bellach ond lle bu.

Ond ambell dro pan gân y gwynt ei grwth
Ei fiwsig ef ailgyfyd furiau'r bwth;
Fe gasgl yr ieir o'r cae a'r ieir o'r côr,
Ac eilwaith saif y ddynes yn y ddôr.

1932

CANOL OED

PAN oeddwn yn llanc yn fy ngwely gynt,
A'r hafnos ddi-hedd heb un awel o wynt,
Tri braw oecld i'm blino yno ar fy hyd—
Mellt, Daeargryn, a Diwedd y Byd.

Am y mellt, gwn bellach mai tostaf eu pang
Pan ddilyn eu miwsig yn syth ar eu sang.
Pa delyn a dyr yn nhrybestod y ddawns?
Ar ddeddf tebygolrwydd y seiliaf fy siawns.

Mwy nid yw daeargryn ond chwedl a chwyth,
Rhyw ddychryn a ddigwydd, beunydd a byth,
I ran rhywrai eraill ohonom yw hi
(Ni ddigwydd y cancr nac un adwyth i *ni*!)

A diwedd y byd, nid disyfyd y daw,
Namyn gan bwyll, heb frys na braw.
Cans araf yw'r bysedd gynt a fu'n gweu
Miraglau'r synhwyrau, i lwyr ddileu.

O! pan na bo'r galon na chynnes nac oer
Y claeara'r haul, y clafycha'r lloer.
A phan rydd yr hydref ei ias i'r mêr
Y disgyn y dail yng nghoedwigoedd y sêr.

Cans diwedd mabolaeth yw diwedd y byd,
Dechrau'r farwolaeth a bery gyhyd.
Diwedd diddanwch, a rydd i'r hwyr
Ei ysbeidiau o haul cyn y paid yn llwyr,

Cyn dyfod diddymdra'r ddaear a'i stor—
Fy synnwyr a'm meddwl, ei sychdir a'i môr.
Pan chwâl fel uchenaid dros ludw'r dydd
"Bydded tywyllwch." A nos a fydd.

1931

CYFFES Y BARDD

("Another year nearer my pension, boys"— Cyfarchiad blynyddol hen gyd-athro ysgol i'w ddisgyblion.)

RWYF innau'n rhyw hiraethu
  Am weld yr hyfryd ddydd
Y derfydd imi draethu
  Mor lledfyw a di-fudd.
Mi ddeuthum gynt i'r coleg
  Yn wladwr fel fy nhad
Nid bywyd yw Bioleg:
  Mi af yn ôl i'r wlad.

Caf siawns i wrando wedyn
  Hen fiwsig hyn o fyd;
Y ceiliog sy'n y rhedyn,
  Y rhegen sy'n yr ŷd,
Yr afr sydd yn yr awyr
  Yn brefu am ei myn:
Caf fyw ymhlith gwrandawyr
  Y bythol bethau hyn.

Rhowch imi henglawdd dreiniog
  A su'r wylofus wynt,
A medraf fyw ar geiniog
  'R ôl hanner byw ar bunt.
Da chwi, na chodwch ddwylo
  A'm galw'n bagan bâs;
Mae sŵn ei lais yn wylo
  I mi yn foddion gras.

Y ferch o fro Eglwyseg
   A'm dilyn drwy pob dim;
Hoffusach ei Phowyseg
   Na chân y mwyalch im;
Fy nghymar hawddgar, beniog,
   Fy angel ar fy hynt,
Gall hithau fyw ar geiniog
   Na bu'n ei gwario gynt.

1942

Y MYNYDD A'R ALLOR

(Llydaw 1911)

I.

NI ddygymydd ochrau'r mynydd
Ar foreddydd o'r haf rhuddem
Â myfyrio chwith a chofio
Y croeshoelio uwch Caersalem

Pan ar hafddydd tua rhosydd
Noeth y mynydd euthum innau,
Pob dewislais daear glywais
A gwrandewais gyrn ei duwiau,

A dywedyd: Yn sancteiddfyd
Plygain Ynyd plygwn innau,
A thrwy'r Grawys yn nifrifddwys
Leisiau'r eglwys a'i haroglau.

Pob rhyw grwydrol nwyd ddaearol
Ddofai swynol ddefosiynau
Lle bai cerddor a Christ mynor
A chain allor a chanhwyllau.

II.

Nos Gatholig y Nadolig
Treuliais orig trwy laswyrau
Lle'r oedd cerddor a Christ mynor
A chain allor a chanhwyllau

Yr offeryn; ond cyn gorffen
O sagrafen y fras grefydd
'Roedd fy nghalon falch ac estron
Hyd ymylon tlawd y moelydd,

Hyd fron Cymffyrch yn yr entyrch,
Bron anhygrych bryn unigedd,
Din ond cymyl ar fy nghyfyl
A rhu megnyl ar y Mignedd.

Ac yn oriel San' Mihangel,
Yn lle uchel freuddwyd llachar,
Gyda'r cudyll a'r cornicyll
Hoffais dywyll affwys daear.

"GORCHESTION BEIRDD CYMRU" 1773

POB gorchest gain ac anodd
Ddarllenais, popeth ganodd
Y beirdd bob un;
Heibio i awen galed
Reolaidd Tudur Aled
Hyd Wiliam Llŷn.

Dan ambell awdl a chywydd,
Fel achlysurol drywydd
Yma a thraw,
Ymhlith yr anfarwolion
Gwelwn hynafol olion
Rhyw farwol law.

Ac enw a chyfeiriad
Mewn anllythrennog eiriad
Gennyf fi
Oedd fiwsig cerdd fwy iasol
Na champau'r gwŷr urddasol
Mawr eu bri.

Fel pan ar hwyr o Fedi
Y gwelir dan rifedi
Disglair sêr,
Trwy ryw bell ffenestr wledig
Oleuni diflanedig
Cannwyll wêr.

1925

TREM YN ÔL

(1904-44)

MAE'N debyg y dywed pob athro drwy'r byd
Mai'r Gwener yw'r gorau o'r dyddiau i gyd.
Pan oeddwn ym Mhenllyn ym mil naw un tri
Dydd Gwener oedd pob dydd o'r flwyddyn i mi.

Cans yno roedd niwloedd a chymoedd a choed
I awen na charodd yr heulwen erioed.
A dyna, ond odid, y rheswm paham
Ym mwg Sir Forgannwg na chafodd fawr gam.

Ni châir hi fân drefi ychwaich ond o raid,
Lle ni ellir dianc rhag crafanc yr haid.
Rhowch iddi hen gorlan criw diddan Caerdydd,
Neu gornel o ryw Lanfihangel-y-Gwŷdd.

1945

PAGAN

DARFYDDED pob rhyw sôn
Am anwadalwch dyn!
Hyd byth fe ddewis dduwiau
O'i waith a'i wedd ei hun,
Ei ddinod wedd ei hun.

Nid duwiau o faen a phren
Na duwiau metel mwy,
Daeth Duw, a daeth y diwedd
Ar eu haddoliad hwy,
Ar eu teyrnasiad hwy

Ond duwiau cig a gwaed:
Ni dderbyn hyn o ddydd
Dduwiau sydd ansylweddol
Ond i ddau lygad ffydd,
Ac i gyffyrddiad ffydd.

Tragywydd ydyw dyn,
Sefydlog yn ei fryd.
Mae heddiw a doe i'r duwiau
Ond erys dyn o hyd;
A dyn sy'r un o hyd.

1938

ANGAU

Y MWYALCH pêr a'i osgo
  Mor brydferth ar y brig,
Mae pwt o bridd y berllan
  Yn baeddu aur dy big.

Y mwalch pêr â'i alaw
  Yn gweithio'i fynwes gu,
Mae nos dywyllaf pechod
  Yn blygain wrth dy blu.

Y mwyalch pêr â'r llygaid
  Dihalog fel dwy em,
Tu mewn i'w haur fodrwyau
  Mae trwbwl yn eu trem.

Y mwalch, pam yr ofni?
  Taeog yw'r bywyd hwn;
Ac aros dyn a deryn
  Mae garddwr ac mae gwn.

1929

Y STEDDFOD

POB sect ac enwad, dowch i Dre
'Bertawe — teg bo'r tywydd!
Cewch yn y Steddfod oriau mad
A chariad yn ei cheyrydd;
Eich enwad balch nid yw o bwys.
Hon yw paradwys prydydd,

Nis myn y Sais i'w mynwes hi
Na Thori dan ei tharian,
Na Chwig ychwaith tu mewn i'w mur,
Na Llafur ar ei llwyfan;
Neb ond hen Gymry pur i'w pau
I dreulio dyddiau diddan.

Gwyn fyd na byddai'r byd di-hwyl
Yn llon fel Gŵyl y llenor.
Ac O ! na ddringai'r gwael ei ddrych
O nych hen Ddyffryn Achor!
Ac na châi'r truan at ei raid
Ei damaid yn ei dymor.

1926

DRUDWY BRANWEN

O HAUL, bydd iddo'n nawdd,
  Bydd dithau deg, O wynt;
A phâr, O fôr, na fawdd
  Ar ei ddiorffwys hynt.

Digrifwas adar byd,
  Annuwiol yn ei hoen,
A than ei asgell glyd
  Sanctaidd epistol poen.

Wrth dân y gegin ddoe
  Parablu'r olaf waith
Yn dlws ar dâl y noe
  Ei wers mewn estron iaith.

Ac wele fysedd bun
  Ag amal gywrain bwyth
Yn rhoddi ei gorff ynglŷn
  Wrth ei alarus lwyth.

Gwae'r dwylo gynt fu gain!
  Gan loes eu trymwaith trist
Dolurus ydyw'r rhain,
  Creithiog fel dwylo Crist.

A gwae'r frenhines hon
  O'i chystudd yn ei chaer
A enfyn dros y don
  Isel ochenaid chwaer.

II

Heddiw ar drothwy'r ddôr
   I'r wybr y rhoddir ef:
I siawns amheus y môr,
   A'i ddi-ail-gynnig nef.

Pa fore o farrug oer?
   Pa dyner hwyr yw hi?
Neu nos pan luchia'r lloer
   Wreichion y sêr di-ri?

Ni rydd na haul na sêr
   Oleuni ar ei lwybr,
Cans yn y plygain pêr
   Y rhoddir ef i'r wybr.

Cyn dyfod colofn fwg
   Y llys i'r awel sorth,
I ddwyn yr awr a ddwg
   Y cigydd tua'r porth.

Ac eisoes, fel ystaen
   Ar y ffurfafen faith,
Fe wêl y ffordd o'i flaen
   A'i dwg i ben ei daith.

Ac megis môr o wydr
   Y bydd y weilgi werdd
Cyn tyfu o'i gwta fydr
   Yn faith, anfarwol gerdd

Pan ddengys haul o'i gell
   Binaclau'r ynys hon
Fel pyramidiau pell
   Anghyfanedd-dra'r don.

Pan gyfyd, megis llef
   Wedi distawrwydd hir,
Mynyddoedd yn y nef,
   A thros y tonnau, tir.

III

A pha hyd bynnag bu
  Ei annaearol daith,
Yn y diddymdra fry
  A thros y morlas maith,

Dyfod i'r tir a wnaeth,
  A chylchu uwch y fan
Lle llifa'r môr di-draeth
  Yn afon rhwng dwy lan.

Yno o'r lliaws mân
  Chwilio y mae am un,–
Yr enaid ar wahân,
  Y duw ar ddelw dyn –

Nes canfod yng Nghaer Saint,
  Yng nghanol gwyrda'i fro,
Ŵr o ddifesur faint
  Yn dadlau iddo dro.

Ac ar ei ysgwydd ef
  Y disgyn oddi fry
Fel anfonedig nef,
  A garwhau ei blu.

O'i flin adenydd daw
  Yn dristaf fu erioed
Y llythyr dan ei llaw:
  A'i ddarllen yn ddi-oed

Y drudwy dewr ei hun
  Ategа ddagrau taer
Ac ocheneidiau'r fun
  O gegin y bell gaer.

A chlod ei gamp a gerdd
  Hyd gyrrau'r ddaear faith;
Ei siwrnai o'r Ynys Werdd
  A'r modd y dysgodd iaith.

IV

Y chwedl nid edrydd ddim
   Dynged y deryn pur;
Ai dychwel eto'n chwim,
   Ai gostwng dan ei gur

Fu iddo'n wael ei wedd;
   Ai Brân ei hun a ddaeth
Ac a wnaeth iddo fedd
   Petryal ar y traeth,

Ai byrddio llong o'r llu,
   A chyrchu'n iach ei nwyf
Yr Ynys Werdd i su
   Rhyfelwyr wrth y rhwyf.

Yntau i gadw gŵyl
   Yn gwatwar cerddi'r tir;
Dynwared yn yr hwyl
   Ac ar yr hwylbren hir

Yr adar oll ar hwrdd
   Â llawer pill o'i stôr:
Y bronfraith ar y bwrdd,
   Y mwyalch yn y môr.

A chrechwen yna y mae
   Y llongwyr ar y lli',
Fel petai'r byd heb wae
   Na dwyfol drasiedi.

1929

YR HEN DDOCTOR

(Dr. Edward Rees, Caersŵs)

Mi fum yn curo neithiwr
   Wrth hen gynefin ddrws
Groesawodd lawer teithiwr
   O Gymro drwy Gaersŵs,
Ond curo hir ac ofer fu,
   Nid oedd y doctor yn ei dŷ.

Bernais mai gweini cysur
   Yr oedd i'r claf a'r hen,
Neu'n frwd ar lwyfan prysur
   Yng nghwmni'r brodyr llên;
Ond rhywun ddwedodd fel y bu
   I'r doctor tirion newid tŷ.

A thua'i newydd drigfan
   Prysurais drwy Gaersŵs,
Nes cyrraedd gwerdd unigfan
   A churo wrth y drws;
Ac er mai curo ofer fu,
   Yr oedd y doctor yn ei dŷ.

1925

YR HEN ACTOR

Mewn dwy olygfa

1. — DWYLAN, CAERNARFON

MAE'N byw yn ei barlwr, o ddwndwr y byd,
Ond myn ein croesawu i'r seiat o hyd;
Mae'n gwaelu i'n golwg, a drwg ydyw'r goel,
Mae'i ddillad yn hongian, ond nid ar yr hoel.

Mae lliw haul Pwllheli yn darfod o'i wedd,
Mae'n disgyn yn sypyn i glustog ei sedd.
Mae'n siarad yn siriol er hynny—ond clywch,
Mae llais yr hen actor gryn octif yn uwch.

O! siriol y sieryd ein brawd, sy mor brudd,
Am "droad y rhod" ac am "doriad y dydd";
Mae Gwynfor yn actor digymar mi wn,
Ond prin y mae'n llwyddo i'n twyllo'r pryd hwn.

2. — COETMOR, BETHESDA

A! gyfaill anwylaf, ti ddaethost i'm tŷ
Heb imi dy glywed, sut bynnag y bu.
Rhyw hepian yr oeddwn, mae cric yn fy ngwar,
Ond syn ydyw gennyf na chlywswn dy gar.

O ble yn y Deau y deui mor hwyr
Mor fore yn hytrach? Mae'n rhaid mai o Ŵyr.
A pham 'r wyt ti'n teithio fel hyn wrthyt d'hun?
Pa le mae dy gariad, hen lenor o Lŷn?

Hen lenor yn wir, 'r wyt yn sgafnach dy droed
Ac yn loywach dy lygad nag odid erioed.
Mi'th welaf yn suddo i glustog y sedd,
Yn llenwi dy ddillad, yn llawen dy wedd.

Mae hi'n brai bod ynghyd i roi'r byd yn ei le
A chlywed dy deyrnged i actwyr y De.
Ac mor nodweddiadol oedd codi dy ddwrn
Yn wyneb y werin am chwerthin o'i thwrn!

Ond di-dderbyn-wyneb a fyddi di fyth,
Teimladwy a hwyliog, serchog a syth,
A gwylaidd, mae'n amlwg: na hidia'r hen gloc—
Ni syfl yr hen Dre, cei fynd adre toc.

Rhaid iti gael tamaid o rywbeth cyn mynd;
Mae'r tân wedi marw – newyn, fy ffrynd.
Hei, hei, i ble'r ei-di ar gymaint o frys
Fel dyn yn diflannu pan wrendy wŷs?

Ple'r wyt, Wynfor annwyl! Bron iawn nad yw'n
    ddydd,
Ac wedi iti fwyta rhyw gymaint, hi fydd.
Mae dyn ac aderyn yn galw am fwyd,–
Clyw geiliog y plygain yn galw o'r glwyd!

1941

YR HEN GANTOR

(Ffyddlondeb i'w gyfeillion, a hunan-dyb diniwed, oedd ei nodweddion amlycaf.)

'HOGIA', os byth yr af o'ch blaen
I lawr chi wyddoch ble,
A'm rhoddi ar fy hyd dan haen
O gwyddoch yn burion be'.

'A ddowch i'm danfon ar y daith
Tuag adra bod ag un?
Er nad yw'r ffordd i'w rhodio'n faith
Ni fedraf fynd fy hun.

'Oddi yma i'r Hendra, lle mae'r oed,
Rhyw gwta filltir sydd,
Heb allu symud llaw na throed
Gormod, o filltir, fydd.'

Mae'r hogia' yma i gyd, 'r hen lanc,
Maent yma o lawer sir,
Cans pan adroddwyd am y dy dranc
Ar frynia' tala'r tir.

Daethant yn gryno gwmni syn,
Yn gryno fel i'r Farn,
Yma mae'r Llwyd, y Llwyd o'r Bryn,
Ac yma mae'r hen Garn.

Dy gyd-gantorion ddaeth ar frys,
Ac yn eu mysg y mae
Y gwŷr o'r llwyfan ac o'r llys,
O'r coleg ac o'r cae.

'Mae'n wir na bûm ddirwestwr glew,
Chwaethach grefyddwr glwys,
Ond carwn rywfodd gael y Llew
A Chynan uwch fy nghwys.'

Mae'r naill yn arwain gyda'r gân,
Y llall ddarllena'r llith,
Gan gofio'n unig galon lân
Y brau aderyn brith.

'Dymunwn f'arwain tua'r lle
Ar ysgwydd gadarn John.'
Mae'n un o bedair ysgwydd gre'
Tanat y funud hon.

Â phob tynerwch llaw a llais
Y'th roddwn i'th hir hedd,
Cans wele Guto'n ôl dy gais
Â'i bennill uwch y bedd.

'Peidiwch ag wylo uwch y gro
A gollwng dagrau dwl.'
Wrth ddwyn y dyddiau gynt i go'
Chwarddwn, ac wylwn bwl.

Wrth gofio'r hynod siwrnai hir
I Abertawe bell,
A bod y 'Steddfod yn y tir
A Gwallter yn ei gell.

'Mi gefais innau f'oriau gwyn,
Welsoch chi fi un tro
Ym mraich Syr Richard Terry'n dynn?'
Do, ni a'th welsom, do.

'Glywsochi wedyn f'unawd bâs
Fel taran drwy'r hotel?'
Clywsom, a rhyfeddasom, was,
A synnu a wnaeth Brazell.

'Goleuo'r 'Llenor' fel rhyw sêr
Mae'r dynion mawr eu dysg,
Ac unwaith fel rhyw gannwyll wêr
Bûm innau yn eu mysg.

'Oes rywbeth erys yn ei swyn
Adawaf wedi mynd?'
Gadewaist amal atgo mwyn,
Gadewaist lawer ffrynd.

'Rhag ofn nad erys odid sill
O'r gwaith a wnes ar go',
Gyr ditha' i rywla, Bob, ryw bill.'
'R hen gyfaill, dyma fo.

1932

YR HEN DELYNOR

CYMRAEG oedd ar ei wefus
   Yn ffrwd lifeiriol, gref;
A serch at wlad ei fam a'i dad
   A lanwai'i galon ef.
'D oedd unlle arall ar ei fap,—
   Cymro o'r Cymry oedd yr Ap.

'R ôl blino'n cerdded cyrddau,
   A swyno'r dorf a'i dant,
Ei aelwyd glyd a lonnai'i fryd,
   A'i bleser oedd ei blant;
'R ôl cefnu ar y clod a'r clap,
   Penteulu teilwng oedd yr Ap.

Tyner y gwthiai gadair
   Ei gymar glaf i'w hynt,
"Chwi ddowch yn iach, fy ngeneth fach,
   Ar ôl yr haul a'r gwynt."
O! priod pur ym mhob rhyw hap,
   A gŵr bonheddig oedd yr Ap.

YR HEN SOSIALYDD

PE rhodiwn rywbryd at ei fedd
I dorri'n ynfyd ar ei hedd
A bloeddio trwy'r distawrwydd cau,
"Silyn, mae'r Sasiwn yn nesau,

"Cedyrn yr enwad yno fydd
Cans croga'i dynged ar y dydd,"
Nis barnai'r marw o nemor bwys,
A byddai gosteg dan y gŵys.

A phe dyrchafwn eilwaith lais
I'w gymell fry a thaerach cais,—
"Cyfod, cans dyfod mae'r gwŷr llên,
A'r 'Steddfod tua'r ddinas hen;

"Dy hen gymheiriaid ar eu hynt
A ddaw a golau'r dyddiau gynt."
Odid y trosai hanner tro,
Ond parai gryndod yn y gro.

Gan dorri ar ei hedd drachefn,
Dywedyd wnawn â goslef lefn,
"Y mae cynhadledd yn ein mysg
Yn eistedd ar ryw bwnc o ddysg.

"Deugeinwr dyfal gylch y bwrdd
Sydd er mwyn Cymru wedi cwrdd."
Crynai'r dywarchen drom yn awr,
Ond llonydd eilwaith fyddai'r llawr.

Yna anadlwn drwy y glyn
Neges gyffrous y geiriau hyn,
"Yn Llanymynydd y mae gwanc
Addysg ar ddeunaw disglair lanc.

"Eu doniau'r awron sy' dan rwd
O ddiffyg cymorth athro brwd."
Ni lwyddai bolltau'r dorau dwys
I gadw Silyn dan y gŵys.

1930

YN ANGLADD SILYN

MOR ddedwydd ydyw'r 'deryn gwyllt
Heddiw a hyllt yr awel;
Yfory, pan fo'i dranc gerllaw,
Fe gilia draw i'w argel;
A neb ni wel na lle na dull
Ei farw tywyll, tawel.

Tithau, a garai grwydro'r rhos
Pan losgai'r nos ei lleuad,—
Yr awr o'r dydd pan gasgl y byw
I roddi'r gwyw dan gaead,
Daethost lle gwêl y neb a fyn
Ddyffryn dy ddarostyngiad.

O na bai marw'n ddechrau taith
Trosododd i'r paith diwethaf,
Lle ciliai'r teithiwr tua'r ffin
Fel pererin araf,
Cyn codi ar y gorwel draw
Ei law mewn ffarwel olaf.

1930

DECHRAU'R DIWEDD

1.— *MEHEFIN*

ERS tro ni ŵyr eu tadau
   Na'u mamau ddim o hynt
Y llanciau oedd yn hogiau
   Yn iard yr ysgol gynt.
Dihoeni a wna rhieni'n awr:
Mewn rhyfel mwy na'r Rhyfel Mawr.

2. — *GORFFENNAF*

PLE maent? Mae rhai'n y ddaear
   Dan ro rhyw dramor draeth;
A rhai yn iard y carchar
   Yn diolch nad yw waeth.
Mae gobaith mab o garchar, oes,
Ond nid o'r graean sydd dan groes.

3. — *AWST*

MAE rhywun yn y papur
   Yn gweld y wawr o draw;
A rhywbeth yn yr awyr
   Yn dweud ei bod gerllaw.
Sirioli a wna rhieni'n awr:
Rhieni na bu'u llenni i lawr.

A. E. HOUSMAN

NID ofna'r doeth y byd a ddaw
  Ar ochor draw marwolaeth.
Ei ddychryn ef yw bod yn fyw:
  Angheuol yw bodolaeth.

Heb honni amgyffred — ow! mor rhwydd —
  Gwallgofrwydd creadigaeth,
Myfyria ar ei farwol stad,
  A brad ei enedigaeth.

Y doeth yn ei gadernid syrth
  Yn wyneb gwyrth ei gread,
Ond yn ei wendid cyfyd lais
  Yn erbyn trais dilead.

Ei fywyd mewn di-ddyddliw wig
  A fydd gaeadfrig yrfa:
Ni rydd ei hyder yn yr wybr,
  Ni rodia lwybr y dyrfa.

Bendith ni dderbyn yn y llan,
  Nac yn y cwpan wynfyd;
Nid eistedd gyda'r union-gred,
  Na chyda'r anghred ynfyd.

Nid ardd, nid erddir iddo chwaith,
  Ond ar y daith ni phara,
Ei synfyfyrdod fe dry'n fwyd,
  Crea o'i freuddwyd fara.

A'r hwn ni ddaeth i'r byd o'i fodd
   A dry o'i anfodd ymaith;
Oherwydd cyn ei ddifa a'i ladd
   Ceisiodd, a chadd, gydymaith.

Hwnnw yw'r ansylweddol wynt
   Sy oddeutu'r hynt yn mydru;
Ac ar y rhith y mae'n ei weu
   Ni bydd dileu na phydru.

1936

COBLER Y COED

(Tithau hefyd Natur?)

MI wyddwn er yn blentyn
   Fod cobler yn y coed
Na wisgodd yr un esgid
   Am 'r un o'i draed erioed.
Ond wrth ei waith ryw fore
   Mi'i gwelais ef yn deg.
Do, agorais lygaid syn:
   Agorodd yntau'i geg.

"Beth yw'r newyddion heddiw?"
   Dolefai'r 'deryn gwyrdd
Sy'n treulio'i oes i hela
   A difa gwybed fyrdd.
"Buont yn Lerpwl echnos
   A lladdwyd llu, mi wn."
"Jiw, jiw, jiw, jiw, jiw, jiw, jiw!"
   Ebe'r cobler euog hwn.

"Gorffen dy genadwri
   Ac yna cau dy ben;
Mae arnaf eisiau clywed
   Y pryfed sy'n y pren."
"Buom ni yn Hamburg neithiwr,
   A'i phlastro fesul stryd."
"Jiw, jiw, jiw, jiw, jiw, jiw, jiw!"
   'Ebe'r bomar hyna'r byd.

Hyd. 1943

Y FFLIWTYDD

YN ôl un awdur milain,
O ddeugain miliwn Prydain
Mae pedwar ugain ymhob cant
Mor dwp â'u plant eu hunain
   Llefara, Broffwyd.

I'r gad yr aeth yr hogiau
Er mwyn mynd o'u cadwynau.
Na ddoed y dynion a ddaw'n ôl
Yn ol i'r un hualau –
   Bydd huawdl, Wleidydd.

Mae'n adeg wan ar grefydd,
Annuwiol yw'r oes newydd;
Byddar fel oes Elizabeth
I'r Bregeth ar y Mynydd.—
   Gwaedda, Ddiwygiwr.

Mae'n bryd i rywyn ruo,
Mae'r byd i gyd yn duo.
Eto ni wna'r prydydd gwael
"Ond canu a gadael iddo." —
   Na'th feier, Fardd.

'Rwyt frawd i'r eos druan,
Dy fodryb yw'r dylluan:
Hoffi leisio ar dy ffliwt
Ac ar dy liwt dy hunan
   Ryw hen, hen wae.

Gwae'r ddinas a roes glasur
A Cheidwad i bechadur.
Gwae y maes lle'r oedd y meirch,
Yn llawn o geirch, a'r milwyr
   Yn feddw fawr.

1943

Y PRYDYDD MUD

(Pace Mr. Saunders Lewis)

"Pe byddai'r syniadau ganddynt, fe'u rhoddent mewn geiriau." – PANTYCELYN

AR filmyrdd telynau'r cenhedloedd
  Di-gân a diddagrau yw ef.
Pa ddagrau all ddiffodd ei uffern?
  Pa fiwsig all fesur ei nef?
Pan gasglo i'w ddwylo falurion
  Y nyth ar y llwybr troed,
A gân ef y rhywbeth a welodd
  Yn llygad aderyn y coed?

Y lledrith a welir dan hwyliau
  Led moroedd o benrhyn a bae,
Na chyrraedd byth bythoedd i harbwr —
  Ei lwyth yn ei mynwes y mae.
Yntau yn nannedd y croeswynt
  Fordwya o hyd ar wahân,
Mewn nos nas traetha ymadrodd,
  Ar fôr rhy ddifesur i gân.

1928

Y STEDDFOD DDOE A HEDDIW

DOES neb yn nhref Caernarfon —
 Os oes, Anthropos yw—
A Gofia Owain Gwyrfai
 Yn y "Queen Bach" yn byw
A gofia Geiriog ifanc
 Yn dilyn yr hen Dal
Trwy borth "Tywysog Cymru"
 Heb ofn i neb ei ddal.

Aeth heibio'r hen amseroedd
 Pan yfai'r beirdd fel pysg.
Daeth crefydd i'r Eisteddfod
 A chyda chrefydd, ddysg.
Ar ôl yr hen genhedlaeth
 A wnâi ohoni ŵyl,
Daeth oes y Cymdeithasau
 I dorri ar yr hwyl.

Y Steddfod aeth yn Seiat
 Siaradwyr gwyllt a gwâr;
Ond mwyn yw myned iddi
 O deyrnged i D.R.
Y Steddfod aeth yn Ysgol
 Sabothol fwy na heb;
A da yw myned iddi
 O barch i Ambrose Bebb.

Ac eto drwg yw gennyf
 Na welais Edith Wynne
Yn wylo'r dagrau hynny
 A greodd ddaear-gryn;
Y Llew oedd ar y llwyfan
 Ni fedrai ruo'n awr
Mewn storom o ddistawrwydd
 A ddaeth â'r tŷ i lawr.

1943

Miss JANE a FROKEN IOHANNE

CYN cyrraedd un ar hugrain oed
Fe flinodd Jane ar Dyn-y-coed,
A daeth i'w phen i chwilio am le
Mewn siop neu swyddfa yn y dre!
Mae'r wlad yn eithaf yn yr haf
Ar ddyddiau hir Mehefin braf;
Ond wedi'r haf daw'r gaeaf oer;
Ac er mor glws yw gwên y lloer—
Yr un yw'n awr ag oedd hi gynt—
Yr un yw'r gog a'r un yw'r gwynt—
Ac nid oedd ganddi unlle i fynd,
Na neb i wneud ohoni ffrynd,
Ond tynnu a rhoi ffedogau breision,
A chlirio'r bwrdd ar ôl y gweision.
Nid âi i'r boen i odro buwch,
Hi roddai'i bryd ar rywbeth uwch
Na phorfa fras, a pha ryw frid
O fuwch i'w chael, neu foch, neu chwid.
Ac felly ffeiriodd droed yr Wyddfa
Am droed y bwrdd a stôl y swyddfa,
A'r llo a frefai gynt mewn beudy
Am gefnder iddo mewn chwaraedy.

Mewn gwastad dir dros Fôr y Gogledd
Mae gardd o ros a pherarogledd,
Ac yno yn bugeilio'u gwedd
Yn llonydd llwyr yr hwyr a'i hedd
Mae un a gâr eu cwmni gwiw,
Eu sawr a'u swyn, eu llun a'u lliw,
Cans treulia'r oriau gyda'r gwenyn
A roes ei nain i drin ymenyn;
Bob bore gyrrir hwnnw'n awr
I'w gorddi a'i drin i'r ffatri fawr.
Nid rhaid dweud wrthi pan fo pris

Yr oen neu'r fuwch yn uwch neu is,
Na'r adeg orau i yrru'r myllt
I bori ar y comin gwyllt;
A gŵyr yn dda am gwr neu ddau
A dalai am ei deilo a'i hau
Fel hyn yn fodlon ar ei stâd
Bywioga a chyfoethoga'i thad,
Gan farnu gardd ei thŷ yn well
Na dawns y byd mewn dinas bell,
A bod yn nhlysni ei drysni nag yn
Labrinth heolydd Kopenhagen.

1919

FFEIRIAU

PAN awn i ffair y Betws
  Am seiat efo Siôn,
Mi wyddwn ei fod yntau
  Yn rhywle ar y lôn.
Ni ddaw i'r Betws eto,
  Nac i Benmachno chwaith.
Rhyngddo a hwy mae'r Wyddfa,
  A thragwyddoldeb maith.

Pan awn i ffair Pwllheli
  Cawn gwmni cwpwl call.
'R oedd un o'r ddau yn bensaer,
  Ond pencerdd oedd y llall.
Mae Bob yn awr cyn ddyfned
  Â Wren o'r awyr iach;
A W.J. 'n yr unfan
  Â J. Sebastian Bach.

Pan awn i ffair Caernarfon
  Cawn yno dri i'm cwrdd;
A boddus iawn y byddem
  Yn bedwar wrth y bwrdd.
Dynion oedd dau ohonynt
  A gwydnwch yn eu gwedd.
Mae Bernard wedi braenu
  A Gwynfor gu'n ei fedd.

Mae'r byd yn dal i heidio
  Yn selog i'r Hen Sioe;
Ond nid y rhain sydd yma
  Yw'r rhai oedd yma ddoe.
Paid ti â marw, Emrys:
  Ni fynnwn gael y gair
O fod yn gennad angau
I'm ffrindiau ym mhob Ffair.

1943

GWRTHODEDIGION

Y Cyn-Ddarlithydd

Y CYNTAF oedd y mwyaf yn ein mysg
Heb gyfle i dorri gair o gadair dysg
Oherwydd bod ei gariad at ei wlad
Yn fwy nag at ei safle a'i lesâd!

Y Cyn-Fancer

YR ail oedd seraff yr efengyl seml
A fu'n ymgynnal heb na thâl na theml
Oherwydd bod ei gariad at ei Dduw
Yn fwy nag at ei fara ac at ei fyw!

Y Cyn-Weinidog

YR olaf ydyw'r diwyd fugail hwn
Na fedd un ddafad yn y cread crwn
Oherwydd bod ei gariad at ryw blant
Yn fwy nag at y seiat ac at sant !

1940

Y GWRTHODEDIG

(J. Saunders Lewis)

HOFF wlad, os gelli hepgor dysg
Y dysgedicaf yn ein mysg,
Mae'n rhaid dy fod o bob rhyw wlad
Y fwyaf dedwydd ei hystâd.

Os gelli fforddio diffodd fflam
A phylu ffydd dy fab di-nam,
Rhaid fod it lawer awdur gwell
Na'r awdur segur sy'n ei gell.

Os mynni ei wadu a'i wrthod ef
Y diniweitiaf dan dy nef,
Rhaid fod it lawer calon lan
A waedai trosot ar wahân.

Os mynni lethu â newydd bwn
Y llwythog a'r blinderog hwn,
Achub yn awr dy gyfle trist,
Ac na fydd feddal fel dy Grist.

1937

Y DYCHWELEDIG

(S.L. yn Eisteddfod Hen Golwyn, 1941)

TRUGAROG yw y werin,
  Ystyriol iawn o'i fri,
Pan ddychwel fel pererin
  I'w hannwyl Brifwyl hi.
Rhydd iddo serch, rhydd iddo swydd:
Rhydd iddo gadair yn ei gŵydd.

Wrth weld ei wyneb gwelw
  Yn lleddfu llwyfan hon,
Rhoem bopeth ar ein helw
  Am weled hwnnw'n llon:
Popeth yn gyfan, ond ein gwaed,
I roi athrylith ar ei thraed.

Wrth wrando'r curo dwylo
  I'n hen gydymaith dwys,
Melys y gallem wylo,
  Pe bai ein hwylo o bwys,
Oherwydd bedd a rodd y byd
Weithion i'w fab a aeth yn fud.

O! teilwng yw tystiolaeth
  Y werin frwd i'w fri
Pan ddychwel ei ddrychiolaeth
  I'w hen brifysgol hi.
A phawb a chalon dan ei fron
Sy'n "llawenhau fod lle yn hon."

1941

GORTHRYMDERAU

PREGETHWR mewn het person–pam,
Ag yntau wedi gwadu'r Fam?
A'r person ar ei fynwes lefn
Yn cario'r groes fu gynt ar gefn.
Gwladgarwr huawdl pan fo'i lond
O sêl a swper nos Gŵyl Ddewi.
Mae'n gystal Cymro ag undyn, *ond* –
Yma mae'r awen braidd am rewi.
Rhyw her-adroddwr ar ei draed,
A chipio'r wobor yn ei waed;
Mae wrthi'n corddi cwrdd yr hwyr
Gyda Rhianod Penrhyn Gŵyr.
Ni sioma'r hanes am y rec,
A'r dyn sy'n canu ar ei dec.
Rhyw gantwr gwyntog ar ryw hwrdd
Yn bloeddio–ond nid yw'n bloeddio'r gwir–
Bod ysbryd rhyw dywysog gwrdd
"Yn tanio, tanio yn y tir."
"Melys yw marw dros ein gwlad"
Os awn ni'n wir o sŵn ei nâd.
Rhyw borthmon gwirion yn ei gwrw
Yn lluchio'i gylchau a chadw twrw,
A chyn y medrwch symud ber
Yn eich diddori a'i 'stori-fer,
Sef bod ei dad yn sant o ddyn,
Ond "hogyn drwg" yw ef ei hun.
Ymhen rhyw awr bydd yn y trên
Yn cyfarth rhyw weinidog hen.
Rhai fel efô sy'n creu rhagfarnau
Digon teg tuag at dafarnau.
Yna rhyw ddefosiynol frawd
Yn eich cysuro ar eich rhawd,
Pan ewch tua thref o'r cyfryw lefydd,
Nad mynd i'r capel ydyw crefydd;
Mai byw'n gymdogol ydyw'r peth,
A bod i bawb ei fai a'i feth.

Dyl! Fe'u hedliwiai ichwi'n chwyrn
Petaech yn troedio ar un o'i gyrn.
Cael egwyl yn y machlud maith,
Heb wen, heb awen, a heb iaith,
A rhyw gymydog mwyn o'i ardd
Yn brefu'n braf, "On'd ydi-o'n hardd?"
Ei sylw nesaf, sill am sill,
A fydd, fe wyddoch, "Beth am bill?"
Cael rhywun yn eich cadair fawr–
Gwyddoch na chyfyd am chwe awr–
Yn rhoi'n eu lle y nef a'r llawr:
Creadur dicra, cwta, cŵl,
Heb hiraeth yn ei wyneb pŵl,
Na chlawstroffobia ar fy ffŵl.

"Beth sydd imi yn y byd?
Gorthrymderau mawr o hyd"
Medd yr emynydd o Shir Gâr,
A chefais innau, och, fy siâr.

1939

Y WERS SBELIO

LLYWELYN bach, tyrd yma,
Rho i lawr lenorion Gwalia;
A rho'n uchaf ar y rhôl
Rai wrthyd ffôl ffugenwa'.

Am enw'r Athro Gruffydd,
Sbelia-fo'n ôl y sain:
Nid yw ei *-ffydd* ef, cofia,
Y *-ffith* oedd *-ffith* ei nain.

Mae un sy'n Parry-Williams,
Ond Williams-Parry'r llall.
Eu taid ni hoffai heiffen,
Ond gwylia rhag y gwall.

Mae enwau, Llew — a phobol —
Wrth fynd yn ganol oed
Yn tyfu tua'r canol
Yn rhwydda' fu erioed.

Mae C. yn rhoi Cyfeiliog,
D.J., D. Gwenallt rydd;
A sylwa, — J. S. Lewis
Oedd Saunders 'slawer dydd.

Cymer di bwyll, Llywelyn,
A gwylia ar dy fys
Rhag gwneud dim cam â'r Cymry
Sy'n dringo o Rees i Rys.

A chymer ofal hefyd,
   Fy machgen, rhag gwneud *mess*
Drwy alw dyn yn Rowlands
   Ag yntau heb yr *s*.

Mae ambell enw llwythog
   Yn gollwng Jones o'r pwn,
A dilys fod Cadwaladr
   Yn air mwy pêr heb hwn.

Stydia ramadeg *Morus*,
   Ei raddau uwch ac is;
Morrice yw'r radd gymharol,
   A'r uchaf radd, *Maurice*.

Am y ffugenwa' ganno'dd —
   Beth sydd? Oes gen' ti ddanno'dd?
Gad-hi tan fory, Llew, fe eill
   Na bydd y lleill mor anodd.

CHWILOTA

Cân Newŷdd yn Rhoddi Allan y môdd y gall Prydyddion cymmru fod o Wasaneth yw Gwlâd yn y dyddiau Cyfing hyn trwy droi at waith Difrif yw chanŷ ar swrt Research neu Ddifyrwch y bardd.

PWYSICACH yw'r chwilotwr
Nag awdwr llyfr o gân;
Cans onid yw'r pysgotwr
Yn fwy na'r pysgod mân?
Rhof heibio i siarad drwy fy het
I stydio'r hen *North Wales Gazette.*

Pa beth yw hyn fel diod
Gadarn a gŵyd i'm pen?
'R oedd Jac Glan Gors yn briod!
Mae-o yma i lawr ar len.
Rhyw Saesnes oer o Cumberland
Oedd gwraig John Jones; rhyw ddynes grand.

Ai syn bod dyn yn ffrom os
Dygir oddi arno'r palm?
Cans dyma David Thomas
Yn gwybod hyn ers talm!
Ond erys llawer seler Win,
Megis y *Gentleman's Magazine.*

Wel dyma ddarganfyddiad, —
Bu farw'r Prydydd Hir.
Flwyddyn o flaen y dyddiad
A rydd holl lyfrau'r tir.
Bu farw'n fethiant 'r ôl byw'n fain,
Ond nid yn 1789.

Pa les yw i feidroldeb
    Geisio goleuo'i lamp
Ar heuldir anfarwoldeb
    A hynny a matsen damp? —
Nid oes dim newydd dan y ne',
Nid oes, o leiaf, i G.J.

Darllenais lu o weithiau
    Lythyrau Dafydd Ddu.
Mae o'n o siŵr o'i ffeithiau
    Am fywyd Cymru Fu.
Fe sonia'n rhywle am oerni'r hynt
I Steddfod Fach Llangollen gynt.

O feddwol ddarganfyddiad,—
    'R oedd honno ar fy ngwir,
Flwyddyn *ar ôl* y dyddiad
    A rydd holl lyfrau'r tir
Ionawr y 6ed oedd y dêt,
Ond nid yn 1788.

A fu gan rywun nodiad
    I'r perwyl hwn o'r blaen?
Rhyw droednod neu atodiad
    A rydd i'm calon ddraen?
Os bu, hysbysed hynny'n syth:
Llefared, neu distawed byth . . .

O'r gorau! Pan fwy'n croesi
    Hen ddyfroedd oer y glyn
Bydd rhywbeth i'm goroesi
    'Tu mewn i'r *Bulletin.*
Rhydd Cymru f'enw mwy yn rhes
Ei chymwynaswyr am a wnes.

1931

CYMRY GŴYL DDEWI

Ni laddesach chwi'r proffwydi gwirion?
O ragrithwyr, twyllwyr, ffyliaid, deillion,
Dywedaf, chwai'r haeraf, mai chwi'r awron
ydyw cywir hil cu lleiddiaid creulon.

–SYR JOHN MORRIS-JONES

I.

GRONWY ddiafael, Gronwy Ddu,
Tragywydd giwrat Cymru Fu!
Cest yn dy glustiau fwy o glod
Nag o geiniogau yn dy god.

Ni chefaist ganddynt dŷ na gardd
Ni buost berson, dim ond bardd,
Rhyw hanner dyn a hanner duw,
Creadur Pope, creawdwr Puw.

Arglwydd rhyw anghyfarwydd iaith
Oeddit, ac ni chyhoeddit chwaith;
I Arglwydd heb na thir na thŵr
Nid oedd, yn wir, ond croesi'r dŵr.

II.

Yr Ianci Bach, pe troet yn ôl
I'th bau o'th bell ddisberod ffôl,
Pa fyd fai arnat? Dyna fri
Sydd iti yng Nghymru heddiw! *Gee.*

Ffoes y Philistiaid roes it glwy,
Ac nid yw Lewys Morys mwy:
A gaet ryw fraint o fewn dy fro
A gwaith yn ôl dy gynneddf, *bo*?

Aros lle'r wyt, yr Ianci Bach,
Cyflwr dy henwlad nid yw iach.
Os caet y ciwdos a gadd Pope
A gaet y cysur hefyd? *Nope.*

Fel pan adewaist Walton gynt,
A welit eilwaith ar dy hynt
Rai'n cau y drws o'th flaen yn glep
'R ôl cloi y llall o'th wrthol? *Yep.*

Ond pe gogleisit glust y Sais
Nes cael dy ganmol am dy gais,
A 'mgrymai Cymro wrth bob dôr
O'th ffordd i hedd a ffafar? *Shore.*

1938

PLE MAE GARTH Y GLO?

(Canig Unodl)

SONIAI fy nhad o dro i dro
Am ryw hen Fodryb Garth y Glo;
Ac y mae gennyf gynnar go'
Im fynd i'w gweled gydag o.
Bro Dewi Arfon oedd y fro.
Cawsai'r hen wreigan le dan do
Tyddynnwr gweddw i gludo'r glo
A'r llefrith; hi roi lith i'w lo
A bwyd i'w fab. Ond bid a fo,
Fe fyn trigolion Cwm y Glo,
A gwŷr y Clegyr uwch na fo,
Na bu'r fath le â Garth y Glo.
Eto buom yno'n dau, O do.
"Fy hen gydymaith diddan, rho
Wybod ym mhle mae Garth y Glo
Cyn 'r elo Ffydd ei hun ar ffo."—
Ni chofia ac ni falia efô.

1940

HITLERIAETH

AR lawr y buarth nid yw'n hoff
Gan y dofednod ffowlyn cloff.
Am nad yw'r wedd sydd arno'n iawn,
Ei ymlid rhag ei siâr o'r grawn
Sy raid,
Medd adar llawn.
Wrth groesi'r twndra gyda'r haid
Gwae yr anffyddiog utgi os paid,
 llamu'r hafn, neu fethu'r naid.
Ond dwyfol Ddyn, a'r plant a fag.
Sy'n maddau diffyg a chaff gwag.

Beth ddwedai'r Addfwyn am rai'n ein mysg
Sy'n beiddio hitlereiddio dysg?

Beth ddwedai'r Athro am wŷr roi hwrdd
O'u swyddi i rai na ddônt i'r cwrdd?

Beth ddwedai Iesu am beth a wneir
Gan etheg blaidd, estheteg ieir?

1941

DYFFRYN CLWYD

(O ben Moel Fama, Gorff. 1925)

NID dyffryn, ond gogoniant clyd ar daen,
Fel ystum foethus rhyw arglwyddes gain
A suddodd rhwng esmwythblu'i lliain main,
Ac ymchwydd ei chlustogau heb ystaen
Oddeutu'i harddwch. Hithau'r frodir fras
Mewn ymollyngdod llwyr, mynych y teifl
Ag osgo serchus ryw fraich deg a ymeifl
Am yddfau'r moelydd trwy eu bylchau bas.
Hyfryd a pharadwysaidd yw ei phryd,
A'i milfyrdd glesni yn yr hafddydd brwd
Heb fefl nac anaf arno, namyn rhwd
Y crin borfeydd. Yn hedd ei mynwes ddrud
Gan ymfrasáu ar foeth ei melys fêr
Dwy dreflan sugnant faeth ei dwyfron bêr.

RHYFFEDDODAU'R WAWR

RHYFEDD fu camu'n ddirybudd i'r wawrddydd
hardd
A chyrraedd sydyn baradwys heb groesi Iorddonen;
Clywed mynyddlais y gwcw yng nghoed yr ardd,
A gweld yr ysguthan yn llithro i'r gwlydd o'r onnen;
Rhyfedd fu gweled y draenog ar lawnt y paun
A chael y cwningod yn deintio led cae o'u twnelau,
Y lefran ddilety'n ddibryder ar ganol y waun,
Y garan anhygoel yn amlwg yn nŵr y sianelau.
Rhyfeddach fyth, O haul sy'r tu arall i'r garn,
Fai it aros lle'r wyt a chadw Dyn yn ei deiau,
Nes dyfod trosolion y glaswellt a'u chwalu'n sarn
Rhag dyfod drachefn amserddoeth fwg ei
simneiau;
Ei wared o'i wae, a'r ddaear o'i wedd a'i sawyr,
Cyn ail-harneisio dy feirch i siwrneiau'r awyr.

1937

CYMRU 1937

CYMER i fyny dy wely a rhodia, O Wynt,
Neu'n hytrach eheda drwy'r nef yn wylofus waglaw;
Crea anniddigrwydd drwy gyrrau'r byd ar dy hynt —
Ni'th eteil gwarchodlu teyrn na gosgorddlu rhaglaw.
Dyneiddia drachefn y cnawd a wnaethpwyd yn ddur,
Bedyddia'r di-hiraeth a'th ddagrau, a'r doeth ail gristia;
Rho awr o wallgofrwydd i'r llugoer tu ôl i'w fur,
Gwna ddaeargrynfeydd dan gadarn goncrit Philistia:
Neu ag erddiganau dy annhangnefeddus grwth
Dysg i'r di-fai edifeirwch, a dysg iddo obaith;
Cyrraedd yr hunan-ddigonol drwy glustog ei lwth,
A dyro i'r difater materol ias o anobaith:
O'r Llanfair sydd ar y Bryn neu Lanfair Mathafarn
Chwyth ef i'r synagog neu chwyth ef i'r dafarn.

1937

YMSON YNGHYLCH AMSER

(Ar y gaer uwch Ffynnon Gegin Arthur)

HON ydyw'r afon, ond nid hwn yw'r dŵr
 A foddodd Ddafydd Ddu. Mae pont yn awr
Lle'r oedd y rhyd a daflodd yr hen ŵr
 I'r ffrydlif fach a thragwyddoldeb mawr.
Yma bu Arthur, yma bu Arthur dro,
 Yn torri syched hafddydd ar ryw rawd;
Ac odid na ddaeth Gwydion heibio ar ffo:
 Ni ddaw ddim eto, na Gilfaethwy'i frawd.
Rhyfedd yw ffyrdd y Rhod sy'n pennu tymp
 I'r ffrwyth a ddisgyn ac i ddyn sydd wêr,—
Y chwrligwgan hon a bair na chwymp
 Oraens y lleuad a grawnsypiau'r sêr.
Ow! Fory-a-ddilyn-Heddiw-a-ddilyn-Ddoe:
Pa hyd y pery echelydd chwil y sioe?

1938

MARWOLDEB

"Whatever the year brings, he brings nothing new."
— Rose Macaulay.

NA chais, y prydydd ifanc, gan yr hen
  Roi taw ar ei dorcalon dirwymedi;
Mygu hen bruddglwy'r pridd, a thraethu ei lên
  Ar fri'r newyddoes ddur ac anfri'i ch'ledi.
A chwyth y ddwyfol awel er mwyn troi
  Melinau'r awr a hwylio llongau Iwerydd?
Neu chwalu hir waeau'r werin, sy'n crynhoi
  Fel dail y llynedd yn y trist gwterydd?
Dduw mawr! Fe droes y bardd yn bamffletîr.
  A fu, ai ynteu na fu, farw Branwen?
A dry'r ffigysbren ddiffrwyth eto'n ir
  Pan eilw y seffyr ac ni syfl Arianwen?
Megis y bu o'r dechrau, felly y mae:
Marwolaeth nid yw'n marw. *Hyn* sydd wae.

GWAE AWDUR DYDDIADURON

Ar ôl darllen astudiaeth Marjorie Bowen o fywyd John Wesley.)

PWY fydd y nesaf tybed? Tyred, Harris,
   Gwna'n hysbys mor synhwyrus ydoedd sant.
Gwell fydd nag wythnos dros y môr ym Mharis
   Ag eithrio gan ryw gyplau'n magu plant.
O! llawer gwell na rhythu ar wedd ysgymun
   Modrwyau hamadryad sorth y Sŵ
Fydd gweld y stomp a wnest o'r Deg Gorchymvn
   'R ôl deffro sarff enbydus hen dabŵ.
Ba fendigedig ddogfen! Bydd dy natur
   Yn llyfr agored, Hywel, i'r holl fyd.
Beth waeth gan Hanes am na sant na satyr?
   Hi draetha'r gwir, a'r gwir i gyd. I gyd?
Nês na'r hanesydd at y gwir di-goll
Ydyw'r dramodydd, sydd yn gelwydd oll.

1939

EIN DIDDUW BRYDYDDION

MI glywais ddirwestwr ddoe yn maentumio'n drist
  Nad yw ein prydyddion diweddar "o ddwyfol
    ordeiniad";
Nad ŷnt na dilynwyr na charedigion Crist,
  Ac na rônt i'r genedl Gymreig "ysbrydol arweiniad."
Ba gelwydd golau ! Oni chlywodd ochneidiau Gwynn
  Am nef lle mae dysg ni phaid a rhinwedd ni
    ddiffydd?
A hanes hen ddynion a yrrodd i ben y bryn
  Ei Arglwydd ifanc yn cymell rhegfeydd ar Gruffydd?
Naddo, mae'n ddiau: ond siawns na chlywodd am sêl
  Dau brydydd crefydd Crist yn croesi rhiniog
Y gwesty drud na wrthyd neb a ymwêl
  Â'r Iddew Prudd; ac am Gomiwnydd miniog
Yn taflu i lwyd y to, fel addfwyn fenyw
Ryw damaid o bob dim oedd ar y menyw.

1947

PROPAGANDA PRYDYDD

NI pherthyn y bardd i'r byd fel i Natur werdd,
  Ac ni wna gyfaddawd ag ef fel y bydol-ddoethyn.
Ni ddring i bulpudau'r oes, ac ni chân ei cherdd,
  Ni saif ar ei focs yng nglaswellt Parc y Pen-
    boethyn.
Onis ganed o'r hen anachubol, anynnol wrach
  A'n synna'i sioe o sêr ac a'i sblôut o fachlud,
Nes toddi'n llymaid y lleddf, nes sobreiddio'r iach,
  Heb ymddiddori ddim yn ein byw crebachlyd?
Oddieithr pan ollyngo'i bollt, a llefaru'r gair
  A ddychryn ein materoldeb o'n marwol wead;
A ddwg y ddrychiolaeth i'r wledd a'r ffantom i'r ffair,
  A ddengys y pryf yn y pren, y crac yn y cread
Y daran a glosia'r glew at y mosc a'r mascot,
Y dylif a ddiffydd yr haul ar heolydd Ascot.

1938

BREUDDWYD Y BARDD

(Ar ôl darllen am haelioni miliwnydd)

PE bawn yn filiwnâer mi awn am dro,
  Fel yr âi Dic o Aberdaron gynt,
A llwythwn fy llogellau fel efô —
  Na, nid â llyfrau, ond'papurau punt.
A chyda'r rhain mi awn i Lundain bell;
  A chan fod drws trugaredd wedi ei gau
Rhown ginio i ryw Oronwy yn ei gell,
  A cheisiwn oeri'i syched ar nos Iau.
Ond cyn dychwelyd mi rown wib i Went,
  A siawns na helpwn ryw Siluriad tlawd—
Hen warior wedi ei ddofi i dalu rhent
  A chynnal ei berchennog — fel y brawd
A geisiodd gan y person yn y llan
Gofio am deigar dof y garifán.

1939

W.J.G.

Y MAE tri math o feirdd i'm meddwl i.
  Mae beirdd-deilwriaid. Eu prif orchest hwy
Yw torri'r deunydd, ac nid hawdd yw hi
  Fel y bo'r rhan yn rhan o gyfan mwy.
Mae beirdd-wehyddion hefyd, sydd yn haws
  Ganddynt gywreinio'r graen na llunio'r siwt;
Mae beirdd sydd am ddarostwng tyrau'r traws
  A thyfu'n filwyr yn lle'n grefftwyr ciwt.
Hen arglwydd ansoddeiriau a thwysog iaith,
  Pa fath wyt ti, neu o ba gymysg dras
Pan yw pob dychan a phob cân o'th waith
  Yn llawn o ryfel ac yn llyn o ras,
O saint a phariseaid, moelni a moeth,
Llesmeirol ymchwydd ac uniondra noeth?

1938

GAIR O BROFIAD

(Ar ddechrau blwyddyn)

LLWFR ydwyf, ond achubaf gam y dewr;
   Lleddf ydwyf, ond darllenaf awdur llon.
Yn anghredadun, troaf at fy Nghrewr
   Pan dybiwyf ryw farwolaeth dan y fron.
Di-dderbyn-wyneb ydwyf wrth y bwrdd,
   Beirniadus ac esgeulus iawn o'm gwlad;
Anhyglyw ac anamlwg yn y cwrdd,
   Diasgwrn-cefn ac ofnus ymhob cad.
'Rwy'n wych, 'rwy'n wael, 'r wy'n gymysg oll i gyd;
   Mewn nych, mewn nerth, mewn helbul ac mewn hedd
'Rwy'n fydol ac ysbrydol yr un pryd.
   Deg canmil yw fy meiau, ond cyn fy medd
Mi garwn wneuthur rhywbeth gwiw dros Grist
Fel nad edrycho arnaf mor rhyw drist.

1939

GWENCI

GADAWSOM ffordd y sir am ryw hen lôn
   Rhyngom a'r mynydd, gan fod iddi giât
(Giât mochyn ydyw'r enw arni ym Môn)
   A roddai'r hawl i groesi tir y stât.
Wrth rodio gwelem ffridd, ac ar y ffridd
   Gwningen farwaidd fawr. Mor llonydd oedd!
Cans ni chychwynnai mwy na'r pren o'r pridd
   Er inni guro dwylo a rhoddi bloedd.
'R ôl cerdded plwc dychwelsom. "*Mae* hi'n fyw."
   Meddai fy nghymar, "ac mae'n rhedeg ras!
Edrychwch fel mae'n chware efo'i chyw
   A chymryd arni fynd ei gore glas.
Pwy gura os gwn-i?" Y bychan oedd yn ben,
Y sugnwr sydyn yn y wasgod wen.

1938

HEFFROD

OCH! heffrod y poeth-offrwm, sydd mor llon
   Yn cadw reiat, ac mor hyfryd hurt
Yn edrych, pan fygythir hwynt â'r ffon
   Am bwnio'r babell a disodli'r cyrt.
Mae yma bump ohonynt ar y maes
   Yn brefu'r bore ac yn brefu'r hwyr.
Pranciant a stranciant, ond yn lleddf a llaes
   Y brefant – nid o arswyd, Duw a ŵyr,
Ond am mai heffrod ŷnt. A daw i'm co'
   Yr heffer honno a frefa o'r hen fyd,
A ddeil i frefu hefyd pan ddêl tro
   Y rhain i rostio yn eu braster clyd, –
Oni wna rhywun, ar eu ffordd i'r ffwrn,
Eu troi i gae tragywydd ar ryw wrn.

1938

HEN GYCHWR AFON ANGAU

YN ôl y papur newydd yr oedd saith
  A phedwar ugain o foduron dwys
Wedi ymgynnull echdoe at y gwaith
  O redeg rhywun marw tua'i gwys.
Fwythdew fytheiaid! Fflachiog yw eu paent
  Yng nghynebryngau'r broydd, ond mor sobr
Eu moes a'u hymarweddiad a phetaent
  Mewn duwiol gystadleuaeth am ryw wobr.
A phan fo'r ffordd i'r fferi'n flin i'r cnawd,
  Ac yn hen bryd i'r ysbryd gadw'r oed,
Onid ebrwyddach yr hebryngir brawd
  Yn y symudwyr moethus nag ar droed?
Ond ar y dwfr sydd am y llen â'r llwch
Ni frysia'r Cychwr, canys hen yw'r cwch.

1938

EIFIONYDD

(Golygydd cyntaf Y Geninen)

NI charai merched mono. 'R oedd ei fow
  A'i foesgyfarchiad iddynt yn y drws
Yn llai deniadol na dull Ned a Now,
  Na fedrent lunio cynganeddion tlws.
Ba raid i brydydd ydoedd ambarél
  Ar ddiwrnod braf, a pham nad yfai'i de
Fel rhywun arall? Nid y fel a'r fel,
  Gan dynnu'i henaid o gwpanaid gre'.
Ond dwedai Gwyddon gynt amdano fo
  Na welodd neb mor annwyl gan blant bach.
Dwedodd Alafon hefyd lawer tro
  Na cheid yr un gyfrinach fyth o'i sach.
Pwy oedd "Y Thesbiad" gloyw iawn ei gledd?
A phwy'r "Siluriad"? Gofyn i'w garreg fedd.

1950

J.S.L.

DISGYNNAIST i'r grawn ar y buarth clyd o'th nen
    Gan ddallu â'th liw y cywion oll a'r cywennod;
A chreaist yn nrysau'r clomendy uwch dy ben
    Yr hen, hen gyffro a ddigwydd ymhlith colomennod
Buost ffôl, O wrthodedig, ffôl; canys gwae
    Aderyn heb gâr ac enaid digymar heb gefnydd;
Heb hanfod o'r un cynefin yng nghwr yr un cae –
    Heb gorff o gyffelyb glai na Duw o'r un defnydd.
Ninnau barhawn i yfed yn ddoeth, weithiau de
    Ac weithiau ddysg ym mhrynhawnol hedd ein
        stafelloedd;
Ac ar ein clyw clasurol ac ysbryd y lle
    Ni thrystia na phwmp y llan na haearnbyrth
        celloedd.
Gan bwyll y bwytawn, o dafell i dafell betryal,
Yr academig dost. Mwynha dithau'r grual.

1937

TAW, SOCRATES

(Yn amser rhyfel o leiaf)

MAE gennyf hen gydnabod sydd yn fwrn
  Ar f'ysbryd pan ddechreuo holi pam,
Cans etyb ei gwestiynau yn eu twrn
  Fel y gwna'r Holwyddoreg a'r Rhodd Mam.
Pam y mae'r môr yn las a glo yn ddu,
  Pam y mae dŵr yn wlyb a than yn boeth,
Pa fodd na syrth y sêr o'r wybren fry,
  Pa faint o'r rhain a wêl y llygad noeth?
Megis pe na bai gennyf ar y gweill
  Ddigon o ddefnydd gofyniadau fyrdd
Heb fynd yn ôl i'r ysgol at y lleill
  A sefyll arholiadau hogiau'r Urdd.
O! Armagedon, sydd yn gwneud y byd
A'r bywyd hwn yn gwestiwn oll i gyd.

1940

Y CYRN HYRDDOD

PA lawen lanc dibryder nad yw brudd
   Hyd ddagrau weithiau, ie dagrau, dioer,
Wrth weld rhyw fagad fach o deulu'r ffydd
   Yn chwysu i achub hen Gristnogion oer?
Wrth gofio gwyw a chystuddiedig wedd
   Y tenau ffyliaid hynny a roes mor hael
O'u rhyddid ac o'u hienctid ac o'u hedd
   I dderbyn dirmyg hen gyd-Gymry gwael;
Wrth weled ôl rhyw ymarferol frawd
   Yn goffadwriaeth i'w hwsmonaeth seml
Ar ddu domennydd Mynwy; wrth weld rhawd
   Blygeiniol bugail unig tua'r deml
I ymbil dros y gweithiwr yn y graig
Gan gariad sydd yn fwy na chariad gwraig.

YR UTGORN ARIAN

"MWYN y chwenychwch, a mi'n hen a chul,
  F'anrhegu ag arian ac ag aur o'r god;
Achubais chwi rhag Satan ar y Sul,
  A rhois i'm Harglwydd bob rhesymol glod."
Do, do, 'r hen seraff prysur, teflaist raff
  Yr iachawdwriaeth i bentrefwyr trist.
Ar faes y Sasiwn, lle'r oedd hynny'n saff,
  Heriaist y diafol a chlodforaist Grist.
A fuost ti'n tagu gan fwg y fagddu ryw dro?
  A droist ti drwyn, a 'sgydwaist ti farf y fall?
Ai sefyll o'r neilltu a wnaethost, neu rodio'r fro
  Gan annog pwyll ymhob peth ac actio'n gall?
Derbyn dy dysteb, ond maddau os medri i'r bardd
A wena'n dy wyneb, a maddau i'r llanc a chwardd.

Y BARCHUS, ARSWYDUS SWYDD

MAE Canwy'n ymneilltuo meddant hwy;
  Os ymneilltuo yw bod fel o'r blaen
At alwad pob penteulu yn y plwy'
  I wneuthur pethau sydd yn groes i'r graen,
I lenwi'r ffurflen ac i'w gyfri'n ffafr,
  I lunio'r llythyr ac i dalu'r doll;
I siarad yn y llys dros ambell afr
  A dweud mai dafad yw a aeth ar goll.
Gwared y gwirion! Dylai Band y Llan
  Ei gwrdd a'i ganu at y tŷ lle trig.
Ond gan nad yw gadfridog, Duw fo rhan
  Yr hen heddychwr hwn na fwyty gig:
Cans os dibynna o hyn i ben y daith
Ar ei flwydd-dâl ni fwyty afal chwaith.

1944

Y PEILON

TYBIAIS pan welais giang o hogiau iach
Yn plannu'r peilon ar y drum ddi-drwst
Na welwn mwy mo'r ysgyfarnog fach,
  Y brid sydd rhwng Llanllechid a Llanrwst,
Pa fodd y gallai blwyfo fel o'r blaen
  Yn yr un cwmwd â'r ysgerbwd gwyn?
A rhoi ei chorff i orffwys ar y waun
  Dan yr un wybren a'i asennau syn?
Ba sentimentaleiddiwch! Heddiw'r pnawn,
  O'r eithin wrth ei fôn fe wibiodd pry'
Ar garlam igam-ogam hyd y mawn,
  Ac wele, nid oedd undim ond lle bu;
Fel petai'r llymbar llonydd yn y gwellt
Wedi rhyddhau o'i afael un o'i fellt.

1940

Y CWB

Y DYDD o'r blaen arbedodd ffarmwr ffeind
 Fywyd rhyw bwt o lwynog dela' erioed;
Nid am ei fod o'i ddefaid yn ddi-feind,
 Ond am fod Dafydd drannoeth yn dair oed.
A heddiw pe gollyngid hwn yn rhydd
 I'w larpio gan ddaeargwn ar y ddôl,
Nadu y byddai Dafydd nos a dydd,
 A thorrai Ann ei chalon ar ei ôl.
Nwyfus yw cadno ifanc, a chwareus:
 A pham y'i saethir mwy na'r oen neu'r myn?
Os medd ei dad gymeriad go amheus
 Mae ef yn dra diniwed. Hyd yn hyn
Dibechod yw y bychan, a thrwy reddf
Y tyr yfory dri o'r Dengair Deddf.

1944

DYFFRYN NANTLLE DDOE A HEDDIW

YMWELYDD

'Does ond un llyn ym Maladeulyn mwy;
A beth a ddaeth o'r ddâr oedd ar y ddôl?

BRODOR

Daeth dau wareiddiad newydd i'n dau blwy:
Ac ni ddaw Lleu i Ddyllryn Nantlleu'n ôl.

YMWELYDD

Pwy'r rhain sy'n disgyn hyd ysgolion cul
Dros erchyll drothwy chwarel Dorothea?

BRODOR

Y maent yr un mor selog ar y Sul
Yn Saron, Nasareth a Cesarea.

YMWELYDD

A glywsant hanes Math yn diwyd weu
Deunydd breuddwydion yn y broydd hyn?
A glywsant hanes Gwydion yntau'n creu
Dyn o aderyn yma rhwng dau lyn?

BRODOR

Clywsant am ferch a wnaeth o flodau'r banadl
Heb fawr gydwybod ganddi, dim ond anadl.

1940

Y GÊM ROBIN GOCH

RHWNG John a'i dad bu'n gystadleuaeth lem
  Ar hyd mis Chwefror, ac fel hyn y bu:
Dechreuodd Robin Goch oedd ar ei glem
  Ddod at y drws a mentro i mewn i'r tŷ.
Mae'r Robin Goch mor ddewr ag yw o gall,
  A thoc fe ddaeth i fwyta ar eu llaw
Gan ffafrio weithiau'r naill ac weithiau'r llall.
  Wyth gwaith y sgoriodd John, a'r hen ŵr naw.
Ond beth am pan ddaeth Robin ar ryw hwrdd
  A sefyll ar bob un o fysedd John
Y dydd yr oedd ei dad a'i fam i ffwrdd?
  "P'le mae dy dyst?" gofynnai'r tad yn llon.
Atebodd yntau'r plentyn, "Naw bob un
'Di'r sgôr gin Iesu Grist." — Ildiodd y dyn.

1947

"DWY GALON YN YSGARU"

GWRANDO, f'anwylyd, pan fo hyn o gnawd
  Wedi ei gynaeafu a'i yrru drwy
Ffwrneisiau'r felin honno, rho fy mlawd
  I wynt y nefoedd, nid i gladdfa'r plwy.
Ond pan ddêl d'amser dithau, dos tua thre'
  I orwedd gyda'th geraint yn y llan,
A rhoed y llannerch rugog sy'n y lle
  Aroglau grug y mynydd uwch y fan.
Cyn hynny bydd hiraethus iawn dy serch
  Am un a'i cafodd ac a'i cadwodd oll,
Ac er na feddi gofnod mwy, fy merch,
  P'run ai ar gael y byddwyf ai ar goll,
Fy nghadwedigaeth fydd dy hiraeth di,
A'th angof llwyr fy llwyr ddifancoll i.

1942

MORYS T. WILLAMS

Y Cynghorydd Gwlatgar

NI chlywid onid uniaith—ei fynwes
    Ar ei fin ddilediaith
  Na, ni wnâi gam â'i famiaith
  Mewn pwyllgor na chyngor chwaith.

Y Meistr Curedig

Anwesai hwn ei weision, – o'r prentis
    Hyd i'r printiwr bodlon;
  A gwnaeth ei wasg, henwasg hon,
  Yn nyth esmwyth i'w hwsmon.

Y Cadlywydd Distaw

Cadarn mewn cyfranc ydoedd, – hyderus
    Darian lleiafrifoedd.
  Ac â thrydan gweithredoedd
  Yr hudai'i blaid. Rhad yw bloedd

Y Cyfaill Coll

Mae gwaeth afon na Chonwy – i'w chroesi,
    Echrysach nag Elwy
  Ac Aled, cyn y'i gwelwy';
  Nid ymddengys Morys mwy.

1946

NEUADD GOFFA MYNYTHO

ADEILADWYD gan Dlodi,—nid cerrig
Ond cariad yw'r meini;
Cydernes yw'r coed arni,
Cyd-ddyheu a'i cododd hi.

DAU YSBRYDEGYDD

(Er Cof am Osborne Roberts)

DAU danbaid enaid unol—ddoe nofiodd
Hen afon angheuol.
Och, un a aeth i'w chanol
O gyrraedd y waedd o'r ddôl.

A ydyw'n wir y daw'n ôl – i ryw gwr
O'r gorwel ysbrydol?
Ti, hawddgar gymar ei gôl,
Agor ryw ddôr ddaearol.

1948

BEDDARGRAFFIADAU'R BYW

(Caerdydd a'r Cylch)

1. – *W.J.G.*

I'W oes fyddar amharod—fe roddes
    Ei freuddwyd heb ddannod;
  Heb lais na pharabl isod
  Gorwedd clust o gyrraedd clod.

2. – *EDGAR JONES*

Holl neuaddau llenyddiaeth – a grwydrodd,
    A'i gwrhydri helaeth
  Oedd ei nwyd, ei fwyd a'i faeth;
  Ysbryd hynaws brwdaniaeth.

3. – *J. R. ROBERTS*

Un oedd a'i farn yn ddi-feth—i gynnal
    Gwahaniaeth ym mhopeth:
  Difodwr, cosbwr casbeth,
  Noddwr mwyn pob addfwyn beth.

4. – *R.T.J.*

Dysg yn gymysg a hiwmor—feddai ef,
    Y ddau yn eu tymor;
  Llyfrgell fu'i gangell a'i gôr,
  A diwylliant ei allor.

"MAJOR HAMLET"

(Pen-y-Groes, Caerdydd, Llundain – a Llanllyfni.)

Y MILWR, nid milwriaeth – a noddai;
  Heddwch, nid heddychaeth,
Y werin, nid gweriniaeth,
Y werin gyffredin, ffraeth.

1945

LLONGYFARCH ATHRO

(Yr Athro Idris Foster ar ei benodi i Gadair Gelteg yng Ngholeg Iesu, Rhydychen.)

IAITH Manaw, Llydaw, a'i llu, – iaith Eire
  A thirion iaith Cymru,
Pob iaith o'r Hen Geltiaith gu–
Mae Idris yn eu medru.

Cadair wag fu Cadair Rhys – ers amser
  A simsan iawn megis;
Dyma wyrth! bydd wedi mis
Hydref yn Gadair Idris!

1947

DAU ENAID RHAMANTUS

1. – *GARMON JONES*

O! GAIN oslef gynhesliw, – O! dyner
Syfrdanol fachludliw,
A wnaeth fodolaeth yn wiw,
Marwolaeth yn amryliw.

2. – *TOM HOOSON*

Mynnodd hedd mwyn i'w ddyddiau – a throediodd
Ansathredig lwybrau.
Er meddu dysg fel dysg dau
Ni ddôi sŵn o'i ddwys enau.

1937

DAVID HUGHES, LLANARMON-YN-IÂL

DAVID Hughes, dy fywyd di – a gofiwn,
Buost gyfaill inni,
Cymorth gyda'n hymborth ni,
Cymydog gwiw ym Medi.

Ba dynged enbyd ingol – a'th gipiodd
O'th gapel a'th ysgol!
Doe'n ddiddan yn ein canol;
Heno rhaid wylo ar d'ôl.

1947

RICHARD GWILLIM – BONEDDWR AC EISTEDDFODWR

TYRED! Mae'r wawr yn torri! – tro o'r Glais
Trwy'r gwlith i Dreorci,
Di-hwyl hynod eleni
Fyddai'r steddfod hebot ti.

"Ni wlych y gwlith lwch y glyn – lle tariaf
Ym mhellterau'r dyffryn,
Dan dawel, dawel dywyn
Marwaidd y sêr, y sêr syn."

Pa fro ymysg y broydd – â thawel
Gaethiwed ei hwyrddydd
A'th luddiais o'th oleuddydd,
A llon gymdeithion y dydd?

"Fy mro alwaf Marwolaeth; – mae'r angau
Mwy rhyngof a'm hiraeth;
Mwynhau yr hell gwmnïaeth
Ni ddichon y galon gaeth.

O wedd lednais, ddilwydni, – a harddai
Â'i hurddas ein cwmni!
Di-ailuniad eleni
Fydd y Steddfod hebot ti.

1928

HEN GYFAILL

(Bu ymadawiad y diweddar John Evan Thomas am Benmachno yn golled fawr i dlodion Pen-y-groes)

AR ei faen na sgrifennwch—un llinell
O weniaith, ond cerfiwch
"I'r neb a gâr ddyngarwch
Annwyl iawn yw hyn o lwch."

1941

HEN GYMYDOG

(Morris John Hughes, Pen-y-groes. Rai blynyddoedd yn ôl bu farw ei unig fab, un o'r bechgyn addfwynaf a fu.)

GRESYN na chawsit groesi - yr afon
Ryfedd cyn dihoeni,
Aeth enaid dy enaid di
Flynyddoedd o'th flaen iddi.

1941

YMSON AWEN MONA

AETH Gwyddon dirion a da, – aeth Iolo,
  Aeth eilun fy ngyrfa;
A thrwm gan hiraeth yr â
Yn y man Awen Mona

Y Capt. RICHARD WILLIAMS

YN dy galon diogeli – nwyd gynnes
  Dy genedl a'i theithi;
Y rhan oedd oer ohoni
Roet i Sais a'r O.T C.

1932

T. ROWLAND HUGHES

PWY y gŵr piau goron – ei henwlad
  Wedi anlwc greulon?
A phwy o Fynwy i Fôn
Yw'r dewra' o'i hawduron?

CHWARE TEG IDDYNT

1. – *DAVID LLOYD GEORGE* (Rh.)

BANLLEFAU Meibion llafur – ni cheisiodd,
Na chusan penadur:
Hen ddemocrat wrth natur,
Ddoe fe'u cadd am leddfu cur.

2. – *Syr WILLIAM DAVIES.* (C.)

I RYW Fyrsil neu'i gilydd – rhyw Horas –
Gyrrai arian beunydd.
Ariannwr yr awenydd,
Maecenas dinas Caerdydd.

3. – *ANEURIN BEVAN.* (Ll).

YMOSOD uwchlaw mesur – wna Dafydd
Diedifar Llafur;
 ffon dafl ac â phin dur
Poenydia grib henadur.

4. – *JOHN SAUNDERS LEWIS.* (Cen.)

RHOWCH iddo swydd, arglwyddi. – Ein gwerin
Nis gwared o'i gyni.
Yntau ar herw heb chwerwi
Chwysa waed o'i hachos hi.

1945

TRI PHYSGOTWR O ROSHIRWAUN

Y TRI llanc ieuanc eon—sydd isod,
    Soddasant i'r eigion.
Aethant ddifater weithion
O bysg a therfysg a thon.

1933

AR GARREG GOFFA

(Yn yr Ysgol Ramadeg, Pen-y-groes)

EU dysg yn gymysg â'r gwynt – ddiflannodd
    Fel unnos oddi arnynt,
Hen ffyddlon ddisgyblion gynt,
Dymunwch heddwch iddynt.

1924

CYMRU A'R B.B.C.

(Wrth wrando S.L. yn darlledu)

WEDI'i wrthod a'i dlodi,—mae'i genedl
    Am gynnig ei besgi.
Pa beth arall a all hi?
Fe rodd ei fara iddi.

Drwy awyr wedi rhewi – ei hadar
    Ehedant i'w borthi.
Diolch i Dduw a Dewi
Am gigfrain i'w harwain hi!

Sylwadau

Tud.

3 Silyn yw'r *hen gyfaill marw* y sonnir amdano yn y gerdd. Nid oedd yn fodlon o gwbl ar fy safle fel prifathro ysgol wledig Cefnddwysarn, gan hynny fe'm perswadiodd i gynnig am le fel is-athro yn Ysgol Sir y Barri.

7 Am rai blynyddoedd ar ôl i'm gwraig a minnau ymgartrefu ym Methesda, rhoes yr ysgyfarnog hon a'r ysbienddrych hwn lawer o bleser inni. Gyferbyn â ni ar yr ochr arall i Ddyffryn Ogwen y gwelsom yr ysgyfarnog yn *pori'n dawel a di-fraw*, gan gymryd saib yn awr ac eilwaith i godi a *gostwng dwyglust hael.* O fewn llai na thafliad carreg inni yr oedd Ysgol Elfennol Pen-y-bryn, a phan fyddai'r plant wedi eu gollwng allan i chwarae, wel, dyna sŵn oedd ganddynt! Ond ni chymerai hi ddim sylw phonynt, dim ond dal i bori'n braf. Hyd yn oed yn yr oes honno yr oedd sŵn moduron yn dringo allt serth Pen-y-bryn yn ddigon i godi'r marw yn fyw, ond dal i bori'n ddigyffro a wnai'r ysgyfarnog – drwy'r ysbienddrych. Ac yr oedd yr ysbienddrych honno'n un gref iawn; ond yr hyn a welai'r llygad ni chlywai'r glust!

25 Gweler yr ail gainc o'r Mabinogion.

29 Y diweddar Dr. Edward Rees, Caersŵs, a oedd yn adnabyddus iawn yng nghylchoedd Eisteddfodol canolbarth Cymru rai blynyddoedd yn ôl.

30 Yr oedd Gwynfor yn adnabyddus drwy Gymru gyfan fel awdur ac fel actor dramâu. Bu am rai blynyddoedd yn Llyfrgellydd y Sir yng Nghaernarfon. Dyn cwbl ddi-dderbyn-wyneb ydoedd ef, ac eto nid oedd neb mwy cymeradwy gan ei gydnabod.

32 Brodor o Lanllyfni, Arfon, oedd Walter S. Jones, er mai fel Gwallter Llyfnwy yr adwaenid ef gan ei gyd-eisteddfodwyr. Pan euthum â J. O. Wiliams heibio ei dŷ tua chwech yr hwyr ar fy ffordd i un o'm dosbarthiadau allanol, newydd godi yr oedd Gwallter, a daeth i mewn i'r parlwr gyda phâr o esgidiau gloywddu yn ei law. Ynghrog ar un o'r muriau yr oedd darlun cynnar o Wallter. Gofynnais iddo pa bryd yr oedd wedi tynnu'r darlun hwnnw, am y gwyddyn y ceid rhywbeth ffraeth ganddo'n ateb. 'Pan oedd Bess yn teyrnasu, fachgen,' ebe ef yn gwbl ddigyffro.

Yn y gerdd cyfeirir at amryw o hen gyfeillion Gwallter. *Yr hen Garn*: y diweddar Garneddog. *Llew*: Llew Owain, Caernarfon. *John*: y diweddar John Evan Thomas, a fu'n ysgolfeistr ym Mhenygroes a Phenmachno. *Guto*: y diweddar Griffith Francis, yr hynaf o'r Brodyr Francis.

35 Mab Eos y Berth, a thad y Parchedig R. Maurice Williams, B.A., Lerpwl. Yr Ap y'i gelwid ef gan gyfeillion lleol. Byddai gweld yr Ap yn gwthio cadair ei briod glaf yn olygfa feunyddiol bron ym Methesda yn ystod misoedd yr haf flynyddoedd yn ôl.

36 Nid rhaid dweud wrth Fethodistiaid canol oed Cymru pwy oedd yr Hen Sosialydd Silyn, y pregethwr na flinai neb ar ei wrando, nac wrth Ddosbarthiadau Cymdeithas Addysg y Gweithwyr yng Nghymru pwy a wnaeth fwyaf o neb trostynt. Nid wyf yn cofio ar y funud pwy a ddywedodd am Silyn ei fod fel 'fflam yn cerdded', ond pwy bynnag ydoedd yr oedd wedi ei gweld-hi, ac wedi ei wrando yntau.

45 *D.R.*: D. R. Hughes, M.A., Hen Golwyn, cyn-ysgrifennydd Cyngor yr Eisteddfod.

Y Llew: Llew Llwyfo.

46 Nyddais y gerdd hon ar gais Mrs. Silyn Roberts.

48 *Siôn*: Y diweddar John Evan Thomas, Penmachno, ond brodor o Ben-y-groes, Arfon; ac yno, ar ochr orllewinol yr Wyddfa y claddwyd ef.

Bob a W.J.: y diweddar Robert a William John Williams, y naill yn bensaer cerddgar a'r llall yn gerddor coeth.

Bernard: y diweddar Bernard Davies, bancer ifanc, ac un o ddarlledwyr mwyaf llwyddiannus Sam Jones yn Mangor.

Gwynfor yw Gwynfor, wrth gwrs; ac *Emrys* yw Emrys Williams, B.A., y Felinheli. Efô yw'r unig un sy'n fyw o'r chwech.

49 *Y Cyn-Ddarlithydd*: Mr. Saunders Lewis.

Y Cyn-Fancer: y diweddar George M. Ll. Davies.

Y Cyn-Weinidog: Mr. T. Arthur Jones, Amlwch.

68 *Parc y Penboethyn*: Hyde Park, Llundain.

72 Bu fy ngwraig a minnau yn llygaid dystion o'r mwrdrad hwn.

73 Gwêl y cyfarwydd mai cyfeiriad sydd yma at bedwerydd pennill John Keats yn ei 'Ode on a Grecian Urn.'

75 *Gwyddon*: y Dr. Rees, Caersŵs.

Y Thesbiad a'r *Siluriad*: Dau ohebydd anhysbys ac ymosodol yn yr hen Geninen.

78 Cyfeirir yma at y diweddar George M. Ll. Davies yn y Deau, a'r Parchedig Tom Nefyn Williams yn y Gogledd.

80 *Canwy*: Y Parchedig J. H. Williams, cyn-weinidog Y Graig, ger Bangor – yr heddychwr a'r bwydlysiwr. Ymneilltuodd i Lan Ffestiniog.

82 *Dafydd ac Ann*: Plant bach Mr. a Mrs. D. W. Evans, cymdogion inni, – tair a chwech oed pan nyddwyd y soned.

Dengair Deddf: Y Deg Gorchymyn.

84 Chwaraewyd y gêm hon ym Meifod, Bethesda, rhwng John a'i dad, J. O. Williams, heb anghofio, wrth gwrs, y *Robin Goch*, a oedd ar ei gythlwng yn yr oerni a'r eira.

85 "Dwy Galon yn Ysgaru." Am deitl y gân hon, gweler "Caniadau John Morris Jones," td. 121, pennill 1.

86 Diweddar briod Kate Roberts. Y Cymro pybyr, a Phennaeth Gwasg Gee.

88 *W.J.G.* Yr Athro W. J. Gruffydd.

Edgar Jones: Cyn-bennaeth Ysgol Ramadeg y Barri.

J. R. Roberts: Cyn-bennaeth Ysgol Uwchraddol y Bechgyn, Caerdydd.

R.T.J.: Y Dr. R. T. Jenkins.

89 Mab y diweddar Dr. Evan Roberts, Pen-y-groes, Arfon, ac un o gymeriadau hoffusaf Dyffryn Nantlle.

90 *Garmon Jones*: cyn-Lyfrgellydd Prifysgol Lerpwl.

Tom Hooson: brawd y diweddar I. D. Hooson.

91 Blaenor yng nghapel Rhiw Iâl. Cyfarfu â damwain angheuol wrth helpu cymydog adeg dyrnu.

92 Eisteddfodwr selog o'r Glais.

94 Y mae'r Capten yn haeddu englyn ers blynyddoedd lawer. Bu am ddeugain mlynedd yn

gwarchod pwrs anhapus Coleg Bangor. Y mae'n Gymro twymgalon, ac yn aelod o Eglwys Loegr. Yn aelod o Eglwys Loegr ac o'r Urdd. Yn aelod o'r Urdd ac yn swyddog yn y Fyddin. Yn swyddog yn y Fyddin ac yn Gymro brwd. Rhyfedd ac ofnadwy y'i gwnaed. Y tebycaf iddo cyn belled ag y cofiaf fi oedd y Major Hamlet Roberts, Ceidwadwr a Chymreigiwr arall.

96 Tri o feibion Llwyn Dyrus, Rhoshirwaun, Llŷn. Collodd y tri eu bywydau wrth bysgota yn y môr un noswaith ym Mehefin 1933.